HISTORIA UNIVERSAL

LA PREHISTORIA

LA PREHISTORIA

EN ESTE LIBRO DESCUBRIRÁS:

- A LUCY, UN ESQUELETO CON MUCHA HISTORIA.
- LA EDAD DE HIELO, UNA ÉPOCA SIN HELADOS DE SABORES.
- STONEHENGE, UN LUGAR CON PIEDRAS MUY CURIOSAS.
- QUE EL TRUEQUE NO ES UN BAILE.

Y MUCHAS OTRAS HISTORIAS.

UN VERANO MUY ESPECIAL

Siete, seis, cinco, cuatro, tres, dos, uno... ¡RIIIIIIIIIIIIIIIIIIING! El timbre del cole sonó puntual como cada día, pero esta vez yo estallé de alegría como nunca. No penséis mal, no quiero que os llevéis una mala impresión de mí: **SIEMPRE** estallo de alegría cuando se acaba el cole. Pero es que ahora se había acabado el curso, ¡estaba oficialmente de vacaciones! Y por si fuera poco, pasaría el primer mes en casa de mi abuelo, porque mis padres aún tenían que trabajar unas semanas antes de poder estar todos juntos.

Hay pocas cosas que me gusten más que estar con el abuelo. Y más desde hace unos meses, cuando nos enseñó el pequeño museo de historia que tiene en el sótano de su casa. **¡ALLÍ HAY DE TODO!** Mapas, montones y montones de libros,

espadas, una brújula, dos catalejos, una armadura, vitrinas llenas de cosas... Desde entonces, las tardes que pasamos juntos se llenan de personajes que vivieron hace muchísimos años, como caballeros medievales, piratas, legionarios romanos, exploradores...

Es increíble la cantidad de cosas que he podido aprender sobre **EL PASADO.** Bueno, que hemos podido aprender, porque conmigo también está mi hermano pequeño, Marco. Sí, lo quiero mucho y todas esas cosas, aunque a veces es un poquito pesado. Ah, por cierto, yo me llamo Carmen, ¡que aún no os lo había dicho!

NUESTROS PRIMEROS ANTEPASADOS

En cuanto llegamos a casa del abuelo, Marco y yo corrimos escaleras abajo, hacia el museo. La última vez que habíamos hablado por teléfono nos había dicho que le había llegado una nueva pieza para su colección, algo espectacular que había colocado en la vitrina del fondo. Así que fuimos directos hacia allí, llenos de curiosidad, pero...

—Abuelo, ¿qué es esto tan raro? —preguntamos decepcionados. Había algo que se parecía un poco a un **ESQUELETO,** pero le faltaban algunos huesos.

—Os presento a **LUCY,** nuestro antepasado más antiguo. Vivió hace unos tres millones de años en Etiopía, un país de África —dijo el abuelo tan tranquilo.

—Eso es, a ver..., uno, dos, tres, cuatro... —Marco empezó a contar con los dedos pensando que en algún momento llegaría a los tres millones. Hasta que se dio cuenta de que era imposible, claro.

—En realidad se parecía más a un mono que a una persona —nos explicó el abuelo apuntando a un dibujo que había al lado de los huesos—. Pero ya compartía con nosotros un rasgo fundamental. A diferencia de otros primates, Lucy ya **CAMINABA SOBRE DOS PATAS.** Y eso era genial, porque podía ver más lejos si se acercaba un peligro y, sobre todo, porque le dejaba las manos libres.

—Pero, entonces, ¿Lucy era un mono o un humano? —pregunté intrigada.

—Ni una cosa ni la otra. Era un *hominino*, que es como llamamos a los primates que caminan erguidos. Y Lucy, en concreto, era de una especie llamada ***AUSTRALOPITHECUS AFARENSIS.***

—Poco a poco, los homininos fueron evolucionando desde los antiguos *Austrolopithecus* hasta nosotros, **LOS HUMANOS MODERNOS.** Pero no creáis que fue cosa de un día para otro. Tuvieron que pasar millones de años y muchas otras especies entre aquella y la nuestra, como, por ejemplo, esta de aquí, el ***HOMO ERECTUS*** —dijo el abuelo mientras nos mostraba las páginas de un libro—. Los *Homo erectus* eran más altos que Lucy y se parecían más a los humanos actuales, aunque aún eran bastante más peludos que nosotros. Y, por supuesto, ellos también caminaban a dos patas, si no, los llamaríamos «Homo torcidus».

El abuelo lanzó una sonora carcajada mientras Marco y yo nos miramos atónitos. Es el mejor abuelo del mundo y lo queremos infinito, pero hace unos chistes malísimos.

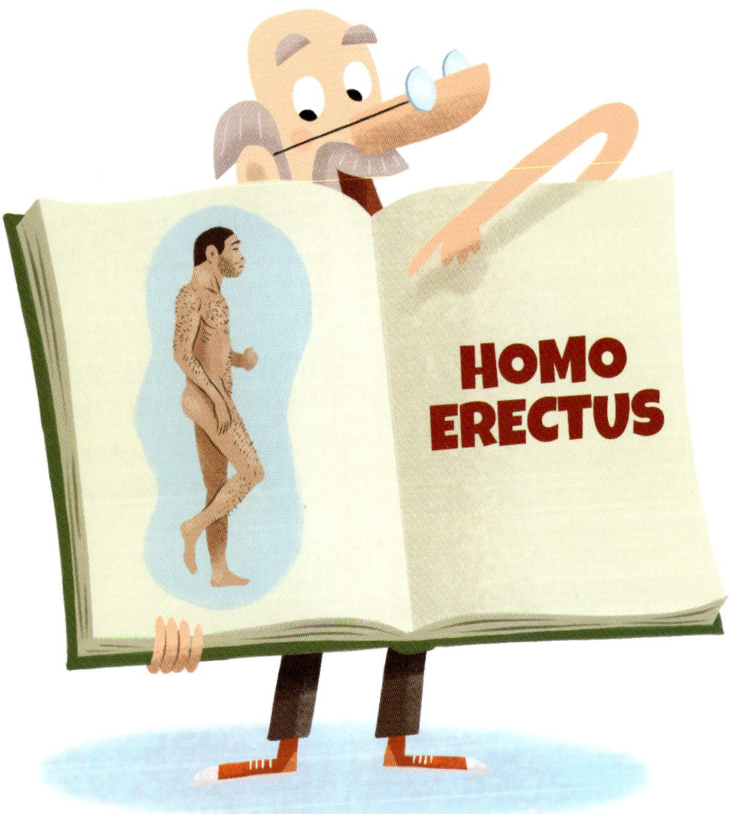

—Lo más importante de todo es que los *Homo erectus* adoptaron una costumbre que luego seguirían todos los demás homininos: fueron los primeros en dejar su tierra natal y salir a **EXPLORAR EL MUNDO.** Probablemente viajaban en busca de nuevos lugares donde hubiera comida abundante y buenos refugios para dormir —prosiguió el abuelo—. El caso es que, hace algo menos de un millón de años, algunos *Homo erectus* se aventuraron desde África hacia Europa y Asia... ¡hasta llegar a la mismísima **CHINA!**

—¡OSTRIS MOSTRIS! —dije yo emocionada—. ¿Y fueron andando?

—Pues claro, ¡qué remedio! Por aquel entonces todavía no se había domesticado ni el burro ni el caballo ni el camello... y creo que tampoco se habían inventado ni los coches ni los aviones ni los barcos —añadió el abuelo, divertido.

—Y ya que hablamos de inventos, o más bien de **DESCUBRIMIENTOS,** hace más o menos medio millón de años se produjo el hallazgo más importante de la historia...

—¡Las chuches! —interrumpió Marco a grito pelado.

—Vaya, no lo había pensado. Rectifico, el descubrimiento más importante después de las chuches —prosiguió el abuelo—. Imaginad un grupo de homininos, posiblemente *Homo erectus*, cazando en el campo. De repente, ven un árbol ardiendo porque le ha alcanzado un rayo. Uno de ellos se acerca y lo toca con la mano...

—... y se quema. Abuelo, muy listos no eran estos *erectus*, ¿no?

—No creas, Carmen, que para descubrir e inventar hay que probar y equivocarse. Gracias a esa curiosidad, nuestros antepasados se dieron cuenta de que esa cosa que quemaba, **EL FUEGO,** también podía darles calor en los días fríos, ahuyentar a las fieras y, sobre todo, descubrieron que la comida estaba mucho más rica después de hacerla al fuego. Con un poco de paciencia y tras muchas pruebas, al final aprendieron a controlar su tamaño, a apagarlo e, incluso, a encenderlo cuando querían.

—Con el cole fuimos de excursión a un **POBLADO PRIMITIVO** y allí nos enseñaron a hacer fuego. Si golpeas dos piedras, salen chispas y puedes hacer una hoguera, o también puedes frotar muy rápido la punta de un palo seco contra otro, ¿a que sí, abuelo?

—¡Exacto, Carmen! Te estás convirtiendo en una historiadora de primera división.

—Como os he dicho, hubo muchas otras especies además del *Homo erectus*, todas ellas con nombres un poco raros: ***HOMO HABILIS,*** *Homo heidelbergensis, Homo floresiensis*... Una de las más famosas, de la que seguramente habréis oído hablar, es la del **HOMBRE DE NEANDERTAL,** que apareció hace unos 250 000 años y se expandió por toda Europa y algunas regiones de Asia occidental. Eran bastante más bajitos que nosotros, pero mucho más corpulentos y musculosos. Y tenían una parte del hueso de la frente, a la altura de las cejas, muy diferente a la nuestra: como si llevaran una visera.

—¡OSTRIS MOSTRIS! Seguro que no pasarían desapercibidos si los tuviéramos al lado —dije.

—Por supuesto que no, Carmen —respondió el abuelo—. Los neandertales eran tan fuertes como un levantador de pesas. Quizá fuera porque comían mucha carne de mamut, esos enormes animales de la prehistoria como elefantes peludos, que podían pesar ocho toneladas y medir más de cinco metros de altura.

—¡Madre mía! ¿Y qué hacían con tanta comida? ¡Eso da para comer durante un año entero! —dijo Marco.

—No lo sabemos... Supongo que la guardarían. Lo que sí sabemos es que utilizaban sus huesos para construir cabañas, como las que se han encontrado en Moldavia y en Ucrania —explicó el abuelo a la vez que nos enseñaba un dibujo de la **CABAÑA—.** Cubrían los huesos con pieles o madera y así ya tenían la casa hecha. Como veis, no tenían ni un pelo de tontos. De hecho, a pesar de su aspecto un poco bruto, tenían un cerebro un pelín más grande que el nuestro.

LA GRAN AVENTURA

—Más o menos en la misma época en la que los neandertales campaban por Europa, en algún lugar de África apareció una nueva especie de *Homo*. Físicamente era más débil y vulnerable que casi todas las anteriores, pero era tremendamente lista. Os estoy hablando del **HOMO SAPIENS SAPIENS**, o sea, de nosotros mismos.

—Bueno, no todos son tan listos —dije yo mirando de reojo a Marco. Incomprensiblemente, el abuelo hizo como si no hubiera oído mi comentario y continuó con la explicación.

—Prueba de ello es que, con el tiempo, esta nueva especie se expandió por todo el planeta. No solo llegaron a **EUROPA Y ASIA**, como ya había hecho el *Homo erectus*, sino que también alcanzaron regiones en las que ningún otro hominino había puesto los pies antes. Como por ejemplo, Australia, donde sabemos que había *Homo sapiens* desde hace ya unos 70 000 años.

—¿Y cómo llegaron hasta allí? —pregunté llena de curiosidad—. Caminando es imposible, porque Australia es una isla.

—Exacto, así que solo podemos pensar que llegaron por mar. ¿Os lo imagináis?, ¡serían los primeros barcos de la historia! Bueno, más que barcos, lo más probable es que fueran unas simples **BALSAS DE BAMBÚ,** con las que navegarían desde las costas del sudeste asiático hasta el norte de Australia. Por suerte para ellos, en aquella época la Tierra estaba en pleno período glacial, en la famosa **EDAD DE HIELO.**

—Abuelo, ¿nos tomas el pelo? ¿Qué tiene de bueno que hiciera mucho frío? —Lo reconozco, esta vez no entendía nada. Y eso que yo sí que soy muy lista.

—Cuando hace mucho frío, el agua se congela, se convierte en **HIELO.** Y como hay más hielo y menos agua, el nivel de los mares y de los océanos baja. ¿Lo entendéis ahora?

Nuestra cara de no haber entendido nada fue la mejor respuesta a su pregunta.

—Si el nivel del mar baja, hay más tierra firme y las distancias entre una costa y la otra son menores. Por ejemplo, es probable que en aquella época las costas del sudeste asiático y las de Australia no estuvieran a más de 100 kilómetros. Una distancia muy razonable, incluso para navegar en una balsa. Y aún más fácil resultaba pasar de Asia a América.

El abuelo desplegó un **MAPA** y prosiguió con la explicación, mientras nosotros intentábamos no perder detalle.

—Fijaos, ahora los dos continentes están separados por las frías aguas del mar de Bering, pero durante la **EDAD DE HIELO** el nivel de las aguas bajó tanto que se podía pasar de un continente al otro por tierra. ¡Solo tenían que cruzar andando de Siberia a Alaska! Y es así como, hace unos 15 000 años, el *Homo sapiens* llegó también a América. Había conquistado toda la Tierra.

—Menos Europa, ¿no? Allí seguían los neandertales —añadí yo.

—La verdad es que no sabemos muy bien qué sucedió en Europa. Cuando los *Homo sapiens* llegaron allí, las dos especies convivieron durante unos 10 000 años, pero luego los neandertales desaparecieron misteriosamente de la historia. Se extinguieron para siempre.

CÓMO VIVÍAMOS

UN DÍA EN LA PREHISTORIA

ARTISTAS E INVENTORES

—A partir de ese momento, los *Homo sapiens* se convierten en los únicos protagonistas de nuestro relato. Y para saber cómo era su vida en esos años de la prehistoria, que tan lejos nos quedan, contamos con una ayuda importantísima: les encantaba decorar las paredes de sus **CUEVAS.**

—¡Esto me lo sé! —grité emocionada—. Se llama **ARTE RUPESTRE.** Dibujaban escenas de caza, grupos de animales, bailes...

—¿Y dónde compraban las pinturas? —preguntó Marco.

—No las compraban —dijo el abuelo—. Aún no existían las tiendas. Las fabricaban con carbón, plantas, resinas, minerales... o excrementos.

—¡Qué asco! ¿Pintaban con caca? Más que homininos, podríamos llamarlos guarrininos. —Al ver mi cara de desagrado, el abuelo no pudo evitar que se le escapara la risa.

—No he dicho que pintasen solo con excrementos, Carmen, sino que para algunos colores también utilizaban excrementos de animales. O propios —nos explicó el abuelo—. Se han conservado muchas cuevas con pinturas, algunas con tantos dibujos que son como una **BIBLIOTECA** para conocer la vida de los hombres primitivos. En España está la cueva de Altamira, en Francia, la de Lascaux, y también hay otras por todo el sur de Europa, en África y en América.

Me imaginé entonces como una joven Picasso de las cavernas. Seguro que mis dibujos habrían sido admirados y aplaudidos por todos los trogloditas de la época. Está mal que yo lo diga, pero pintar es una de las muchas cosas que se me da muy bien.

—Hay una cosa que no entiendo, abuelo —dijo Marco interrumpiendo mis fantasías—. Si estos hombres primitivos eran como nosotros, ¿por qué vivían en cuevas? ¿No les hubiera gustado tener una casa?

—¡Claro que sí! ¡Pero no podían! Nuestros antepasados se alimentaban de lo que la naturaleza les ofrecía para **CAZAR Y RECOLECTAR.** Y claro, dependiendo de la estación del año, la comida escaseaba y tenían que desplazarse para ir a buscarla a otros lugares. Por eso, lo más sencillo era buscar cuevas donde refugiarse y cambiar de una a otra cuando lo necesitasen. Es lo que se llama un estilo de vida nómada.

—Como los que trabajan en el circo, ¿no? —soltó Marco. Esta vez debo decir que me sorprendió. Había entendido muy bien eso del nomadismo.

—Sí, exacto —respondió el abuelo—. Pero no por mucho tiempo. Poco a poco, nuestros antepasados aprendieron a cultivar algunas plantas como el trigo, el arroz, los guisantes, las lentejas y el olivo, y también a domesticar a algunos animales, como la cabra, la oveja o el cerdo. Así, ya no tenían la necesidad de moverse para buscar frutos y animales. Lo tenían todo a mano y, gracias a eso, se volvieron sedentarios.

—¿Secretarios? —preguntó Marco extrañado.

—SEDENTARIOS —se rio el abuelo—. En lugar de vagar de aquí para allá, se establecieron en un lugar fijo: a partir de entonces sí que podían ponerse a construir casas y así surgieron los **PRIMEROS POBLADOS** y, con el tiempo, las primeras ciudades.

—Al parecer, le cogieron el gusto a eso de construir, porque no se limitaron a levantar unas cuantas casitas para ellos. Desde que vivían juntos en poblados, podían unir sus esfuerzos para realizar construcciones con las que honrar a sus dioses y a los antepasados. Como consideraban muy importantes estas construcciones para los dioses, pensaban que debían utilizar unas piedras mucho más grandes que las de las casas normales. Por eso, a ese tipo de construcciones se las llama **ARQUITECTURA MEGALÍTICA.**

—¿Megatlética? —preguntó Marco.

—Me-ga-lí-ti-ca —se rio el abuelo—, que significa «piedra grande». Mirad, en ocasiones solo se trata de una **ENORME PIEDRA** clavada en el suelo en posición vertical. A esto se le llama menhir. En otras ocasiones clavaban dos o tres piedras en el suelo y, encima de ellas, posaban otra en horizontal, como si fuera una

especie de techo. Eso es un dolmen. Y con estos simples pero pesados elementos hacían todas las combinaciones que os podáis imaginar: en algunos lugares encontramos larguísimas hileras de menhires, como en Carnac; en otros, varios dólmenes juntos, a modo de pasillo o de pequeño templo; a veces vemos dólmenes y menhires en círculo, como en **STONEHENGE...**

—¿Y para qué servían? Menuda manera de complicarse la vida, ¡con lo que deben de pesar esos pedruscos!

—Aún no lo sabemos, Carmen. En Stonehenge han encontrado restos de cremaciones humanas y un altar. A lo mejor servían como cementerios, pero también podrían ser casas de los dioses u observatorios para ver las estrellas.

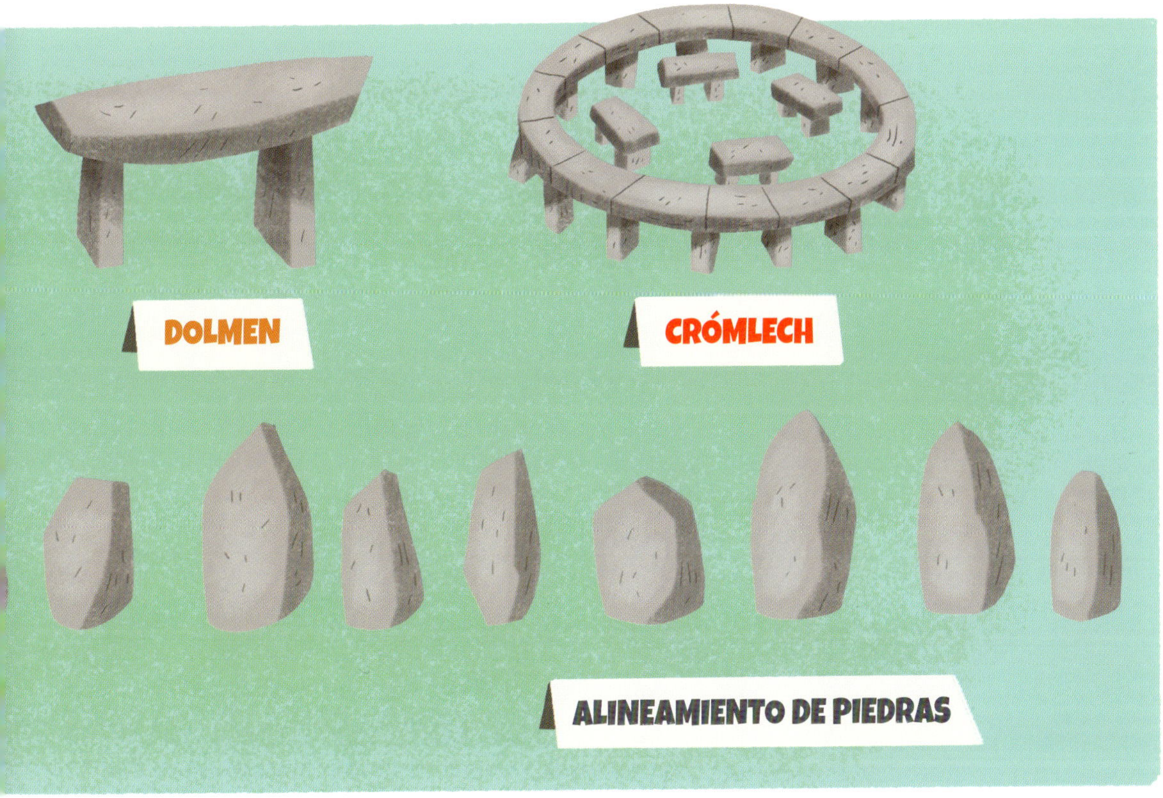

—Pero la piedra es difícil de trabajar y no puedes moldearla tan fácilmente. Así que, con el tiempo, nuestros antepasados aprendieron a **EXTRAER LOS METALES** de la tierra y trabajarlos. Habían descubierto que si los calentaban, se volvían líquidos y se les podía dar la forma que uno quisiera, como por ejemplo, la de un cuchillo.

El abuelo abrió uno de los cajones y sacó de su interior una piedra. Parecía una pastilla de jabón, pero dentro tenía un hueco con la forma de un cuchillo.

—¡ES UN MOLDE! —gritó Marco emocionado, aunque tampoco era para tanto, cualquiera se habría dado cuenta de ello...

—¡Sí! Nuestros antepasados vertían los metales fundidos en moldes como este, tallado en una piedra. Luego dejaban que el metal se enfriase hasta que se solidificaba de nuevo y... ¡tachán! ¡Un nuevo cuchillo! Fue un gran avance, sin duda.

Al principio, utilizaban el cobre, por eso a esa época se la llama **EDAD DEL COBRE.** Después descubrieron que si mezclaban el cobre con otro metal llamado estaño obtenían un material más duro y resistente, al que llamamos bronce. ¿Sabéis qué nombre se le dio a esa época?

—¿Edad del Bronce? —respondió Marco, dejándome patidifusa. ¡Qué raro, dos aciertos seguidos!

—¡Exacto! Y luego vino la Edad del Hierro. Con los metales fabricaron armas, pero también herramientas para labrar la tierra, cocinar o coser. Y aún más: aprendieron a hacer preciosas joyas de oro y plata.

—¡Vaya! —exclamé—. ¿Y se les ocurrió a todos los *Homo sapiens* a la vez?

—Probablemente fueron tomando ideas unos de otros. Estos *Homo sapiens* primitivos viajaban mucho. Al fabricar tantas cosas, la gente comenzó a intercambiar lo que le sobraba por lo que no existía en su tierra. Así **NACIÓ EL COMERCIO.** Si, por ejemplo, yo tenía trigo, pero me faltaban vestidos, podía ir al pueblo de al lado y cambiar una cosa por otra, porque el dinero todavía no existía. Eso se conoce como **TRUEQUE.**

—¡Igual que nosotros cambiamos cromos por chuches! —soltó Marco, emocionado. «¡Grrrrrr, qué rabia!», pensé.

—Algo así —continuó el abuelo—. Este comercio hizo que algunas ciudades se enriquecieran y creciesen. Y la gente comenzó a viajar de una ciudad a otra para intercambiar productos. Las balsas se convirtieron en barcos y se empezó a utilizar a algunos animales para transportar mercancías.

—Oye, abuelo —le interrumpí—. ¿Y cómo sabes que eso fue así?

—¡Una pregunta excelente! —me dijo acariciándome la cabeza—. Pues, verás, porque los **ARQUEÓLOGOS** han descubierto en sus excavaciones objetos hechos con materiales que proceden de tierras lejanas. Por ejemplo, en Egipto se han encontrado piedras que no existen allí, sino que proceden de lugares tan distantes como el mar Báltico o Afganistán. Así que alguien tuvo que llevarlos de un lugar a otro. Ese fue el principio del comercio internacional.

—Estos hombres prehistóricos se parecen cada vez más a los humanos actuales —dije yo—. Pero tengo una duda: ¿cuándo dejan de ser prehistóricos y se convierten en nosotros?

EL FIN DE LA PREHISTORIA

—Buena pregunta. Veréis: aproximadamente en al año 4000 antes de nuestra era se inventó la **ESCRITURA.**

A diferencia de las anteriores, esta idea ya no me pareció tan buena. Si nadie hubiese inventado la escritura, no habría deberes ni cole.

—¿Y quién fue el culpable? —pregunté con tanta indignación que el abuelo me miró con cara de sorpresa.

—Probablemente fue alguien que tenía que contar cuántos ladrillos o cuántos cuencos de grano se almacenaban en los templos. Así que comenzó a hacer dibujos. Por ejemplo, para representar dos cuencos de grano, dibujaba una espiga y dos rayitas al lado. Si entre todos se ponían de acuerdo en qué símbolos utilizar, después cualquier persona podía entender lo que ponía. Así nació la escritura.

—Todo eso está muy bien —interrumpí yo—. Pero ¿qué tiene que ver con el fin de la prehistoria?

—Todo —respondió el abuelo—. Sin la escritura, no podemos saber qué pensaban ni qué les preocupaba a esos hombres, y por eso decimos que todo lo anterior a su invención forma parte de la prehistoria. Con la llegada de la escritura todo cambia, porque **PODEMOS LEER SOBRE CÓMO VIVÍAN,** quién gobernaba, quiénes eran sus enemigos, cómo eran sus fiestas, sus horarios... Hablando de horarios, ¡pero si es tardísimo! Se acabó por hoy. Hala, ¡a cenar!

—¡Noooooo! —dije yo, mientras Marco empezaba a salivar. El abuelo nos había prometido bistec, la comida favorita de mi querido hermanito. Pero yo me quedé con ganas de saber cómo empezaba la historia, sin el pre-.

—No os preocupéis. Tenemos todo el mes por delante. Así que mañana **LA HISTORIA CONTINÚA.**

PARA SABER MÁS...

MÁS SOBRE...

LOS PRIMEROS POBLADORES

Se cree que los primeros representantes del género *Homo* vivieron en el este de África hace... ¡dos millones y medio de años! Eso sí, los huesos fosilizados más antiguos que se han encontrado hasta el momento pertenecen al **HOMO HABILIS**, unos jovenzuelos que «solo» tienen 1 800 000 años y que pronto empezaron a recorrer el mundo.

LA ESPECIE MÁS VIAJERA...

No creas que los primeros *Homo* **SALIERON DE ÁFRICA** para hacer turismo o porque les picó la curiosidad de conocer gente nueva, sino que lo hicieron porque no tuvieron más remedio. La desaparición de los bosques y las diferentes glaciaciones (largos periodos de tiempo en los que la temperatura baja muchísimo) los empujaron a buscar continuamente nuevos territorios donde encontrar comida: de África saltaron a Europa y al Próximo Oriente, después fueron al resto de Asia, a Australia y, finalmente, a América.

CIENTÍFICOS QUE VAN DE CRÁNEO

Hay casi veinte especies diferentes del género *Homo*. Para diferenciar unas de otras, los científicos estudian la **FORMA DEL CRÁNEO** y los dientes, que han ido variando a través del tiempo. Pero encontrar y desenterrar estos cráneos no es tarea fácil: son restos que tienen millones de años y a veces se rompen con facilidad. No puedes emplear pico y pala y excavar de cualquier forma, sino que hay que hacerlo de forma delicada: con un pincel se desentierra poco a poco la pieza y se unen sus partes. ¡Es como armar un puzle prehistórico!

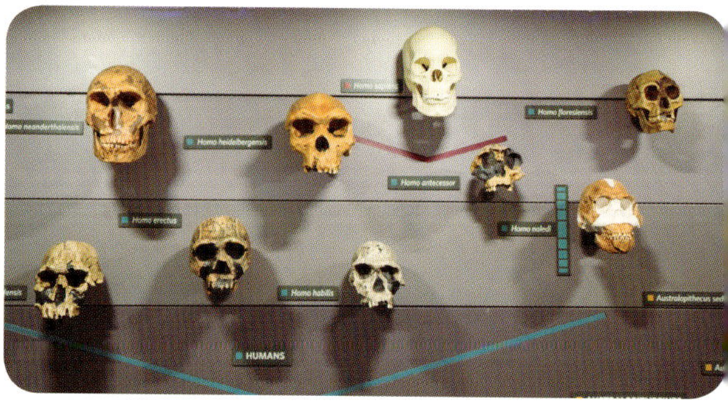

Hace **3 000 000 de años**
Restos del hominino más antiguo, Lucy.

Hace **1 000 000 de años**
El *Homo erectus* se expande por Europa y Asia. Comienzo del Paleolítico.

Hace **250 000 años**
Aparece el hombre de Neandertal.

... Y TAMBIÉN UNOS MANITAS

Para cazar, nuestros antepasados utilizaban **INSTRUMENTOS** creados por ellos mismos: hachas, bifaces (unas piedras afiladas con forma triangular), puntas de flecha... Al principio, esas armas las construían con piedras, y más tarde aprendieron a usar materiales como los cuernos de los animales, el marfil o el hueso, con los que consiguieron utensilios cada vez más sofisticados.

HOGAR, DULCE HOGAR

Con el tiempo, nuestros antepasados comenzaron a cambiar su estilo de vida y se volvieron **SEDENTARIOS**, que no significa que tuvieran mucha sed, sino que se establecían definitivamente en un sitio. La caza dejó de ser su único modo de supervivencia y empezaron a domesticar animales y a cultivar plantas. Y gracias a ello, a quedarse en un único hogar.

UNOS VERDADEROS ARTISTAS...

Durante el Paleolítico Superior, el *Homo sapiens* empezó a imponerse sobre el resto de especies de *Homo*, que, poco a poco, fueron extinguiéndose. Las primeras pinturas rupestres que se conservan son de esa época. Nuestros antepasados **DECORABAN SUS CUEVAS** con imágenes de animales y escenas de caza.

Hace **70 000 años** — El *Homo sapiens* llega a Australia.

Hace **15 000 años** — El *Homo sapiens* llega a América.

Hace **10 000 años** — Comienzo del Neolítico.

Hace **6000 años** — Comienzo de la Edad de los Metales.

LOS VIPS DE ESTE EPISODIO

HOMBRE DE NEANDERTAL

Era bajito pero muy fortachón y podía soportar muy bien el frío. Mi cerebro era más grande que el tuyo. Fui un gran cazador y comía de todo, incluso mamuts, de los cuales aprovechaba hasta los huesos para construir cabañas.

HOMO ERECTUS

Puedo presumir de haber sido el primero del género *Homo*. Caminar erguido me permitió tener las manos libres para hacer herramientas con piedra, fabricarme vestidos y dominar el fuego. Además, fui la primera especie de *Homo* que decidió salir de África.

HOMO SAPIENS

Soy la especie de la que derivan los actuales seres humanos, y ya hago casi todas las cosas que haces tú: tengo la capacidad de comunicarme, creo arte sobre las paredes de mi cueva, tengo perros domesticados que me sirven de mascotas... ¡Estoy deseando inventar la escritura para entrar de lleno en la historia!

HOMO SAPIENS SAPIENS

No solo he conseguido escribir y comunicarme con otros seres; también soy capaz de inventar objetos que hacen más fácil la vida a los demás. He realizado grandes hazañas, como ir al espacio y hacer helados.

HISTORIA CURIOSA

¿CÓMO SE LEE LA HISTORIA CUANDO NO HAY LIBROS?

Pero no solo de **HUESOS** viven los científicos que estudian la historia; también analizan las herramientas que nuestros antepasados usaban para cazar, excavar, comer... Como no tenemos registros escritos de aquella época, ¡hay que aguzar el ingenio! Si no pudieses dejar nada por escrito, ¿qué crees que sabrían las personas del futuro de ti?

UN HUESO MUY DURO DE ROER... ¡PERO MUCHO!

¿Cómo es posible saber tantas cosas de la prehistoria si no conocían la escritura? Pues gracias a los **FÓSILES**, que son los restos de organismos que vivieron hace mucho tiempo y que al morir quedaron enterrados y cubiertos por arena y lodo. Con ayuda del agua, de la lluvia o de los ríos, esos materiales fueron entrando en los huesos y los endurecieron. De esta manera, y pasados muchos millones de años, ¡terminaron convirtiéndose en piedra!

SIGO TUS PASOS

¿Alguna vez has dejado tu huella en el cemento fresco? Pues, de la misma manera, muchos seres dejaron sus pisadas para la posteridad. Estas huellas «fosilizadas» se llaman **ICNITAS**, y las más conocidas son las de dinosaurios, pero también tenemos muchas de nuestros antepasados. En Tanzania, por ejemplo, hay una zona llamada Laetoli famosa por las huellas de unos homínidos, los *Australopithecus afarensis*, que se preservaron gracias a las cenizas volcánicas.

¿CUÁNTOS AÑOS ME ECHAS?

Para saber cuántos años tiene un fósil se utiliza el **CARBONO 14.** El carbono es un elemento que las plantas y animales «tomamos» del aire mientras estamos vivos. Cuando dejamos de respirar, poco a poco va desapareciendo de nuestros restos. Así que si medimos cuánto carbono queda en algo que formó parte de un ser vivo (como unos huesos fosilizados), podemos saber, más o menos, cuánto hace que vivió. Además, también funciona con materiales orgánicos como el barro o el papel.

EL MISTERIO DE LAS ISLAS

Como las culturas prehistóricas que se desarrollaron en **ISLAS** no tenían contacto con el exterior, muchas de ellas presentan construcciones misteriosas y únicas. Es el caso, por ejemplo, de los talayotes de las islas Baleares: más de trescientas pequeñas torres o pirámides diseminadas por sus islas que todavía no sabemos para qué servían. O el de los templos de Ġgantija, en la isla de Gozo, en Malta, en los que se cree que se adoraba a una diosa madre. En Cerdeña encontramos las «tumbas de los gigantes». Se llaman así porque ¡en algunas caben hasta 300 personas!

CAPAS TERRESTRES Y DRAGONES

También podemos conocer la antigüedad aproximada de los restos si observamos en qué **CAPAS TERRESTRES** aparecen los fósiles. Cuanto más profundas, más antiguas. Gracias a esto, podemos estar seguros de que ningún hombre se enfrentó jamás a un *Tyrannosaurus rex*, ya que sus restos se encuentran en diferentes capas. Pero no siempre los humanos lo hemos tenido tan claro: durante la Edad Media, cuando encontraban huesos de dinosaurios, para imaginar a qué animales pertenecieron aquellos restos se inventaron a los dragones. ¡Y muchos creían que todavía existían en algún lugar del planeta!

STONEHENGE

En el Neolítico, nuestros antepasados comenzaron a realizar construcciones megalíticas, en las que empleaban piedras de grandes dimensiones, como en Stonehenge (Inglaterra).

UN VIAJE MUY LARGO

Muchas de las piedras que componen Stonehenge provienen de las colinas de Preseli, en Gales, situado a más de 250 kilómetros. ¿Cómo las llevaron hasta allí? Antes se creía que podrían haberlas transportado por agua, pero lo más probable es que lo hicieran por tierra.

¿SABÍAS QUE...?

En 1986, la Unesco declaró este lugar como «Patrimonio de la Humanidad». Eso significa que las autoridades tienen el deber de cuidarlo y protegerlo. Antes podías incluso tocar las piedras, pero ahora el acceso no está permitido.

UN CALENDARIO PREHISTÓRICO

Las diferentes piedras de Stonehenge están alineadas de manera que se marca la salida y la puesta del sol durante los solsticios de invierno y verano.

MAGIA Y LEYENDAS

Durante la Edad Media, se creía que la construcción había sido obra del mago Merlín, el de los caballeros de la mesa redonda y el mítico rey Arturo.

LO QUE DEBES SABER

- Stonehenge está formado por cuatro círculos de piedras, muchos de ellas dólmenes, con un diámetro de 30 metros. A su alrededor hay un foso de más de 100 metros de diámetro.
- Hoy sabemos que los diferentes círculos se fueron colocando en distintas épocas del Neolítico.

ANTES DE LOS DÓLMENES

Aquí se han encontrado restos arqueológicos muy antiguos. Quizás uno de los más importantes sean los agujeros de Aubrey, 56 hoyos organizados de manera circular. Fueron construidos alrededor del 3000 a. C. y se cree que contenían piedras, como las de Stonehenge. Y no solo eso: esta zona también se usó como cementerio.

VIDA COTIDIANA

ARTE RUPESTRE

Seguro que, si se te ocurre pintar las paredes de tu cuarto, tus padres te echarán una buena bronca. En la época prehistórica eso no te habría pasado. Los artistas rupestres decoraron muchas cuevas alrededor del mundo. Algunas de las más famosas son las de Altamira y Nerja, en España; Lascaux, en Francia; Magura, en Bulgaria; Kakura, en Australia, y Twyfelfontein, en Namibia. Como ves, ¡había artistas rupestres por todo el mundo!

EL ZOO EN CASA

Los temas más habituales en las pinturas rupestres suelen ser: bisontes, toros, jabalís, ciervos... A veces solos, pero en muchas ocasiones dibujados en escenas de caza.

PINTURAS ARTESANALES

Los artistas rupestres eran muy apañados. Tuvieron que fabricarse sus propias pinturas con lo que tenían a mano: óxido de hierro, plantas, carbón... ¡y caca de animales! Si no te gustaba uno de sus dibujos, podías decir «Esto apesta» sin temor a equivocarte.

SEGUIR LA LÍNEA DE PUNTOS

En muchas ocasiones, antes de aplicar los pigmentos, hacían incisiones en la pared con piedras afiladas, dibujando el contorno del animal que querían representar. ¡Así estaban seguros de que podían pintar sin salirse!

ORIGINAL Y COPIA

Algunas de las principales cuevas con arte rupestre del mundo, como las de Lascaux, no permiten que entren visitantes, y otras, como Altamira, lo permiten de forma muy limitada. Sus pinturas prehistóricas son tan delicadas que la simple presencia de humanos aumenta la temperatura y humedad de la cueva y puede hacer que bacterias, hongos y algas las pongan en peligro. Pero no te preocupes, en ambos casos los visitantes podemos disfrutar de copias completamente idénticas.

¡CHOCA ESOS CINCO!

Se han encontrado siluetas de manos en cuevas de lugares tan dispares como Argentina o Cantabria. Parece que los autores de las pinturas nos están saludando, pero puede que fuera una manera de firmar las obras.

PONTE A PRUEBA

A ANACRONISMOS

En estas imágenes hay algunos elementos que no deberían estar ahí porque son de otra época. ¿Eres capaz de localizarlos?

1

—Poco a poco, los homininos fueron evolucionando desde los antiguos *Australopithecus* hasta nosotros, **LOS HUMANOS MODERNOS.** Pero no creáis que fue cosa de un día para otro. Tuvieron que pasar millones de años y muchas otras especies entre aquella y la nuestra, como, por ejemplo, esta de aquí, el **HOMO ERECTUS** —dijo el abuelo mientras nos mostraba las páginas de un libro—. Los *Homo erectus* eran más altos que Lucy y se parecían más a los humanos actuales, aunque aún eran bastante más peludos que nosotros. Y, por supuesto, ellos también caminaban a dos patas, si no, los llamaríamos «Homo torcidus».

El abuelo lanzó una sonora carcajada mientras Marco y yo nos miramos atónitos. Es el mejor abuelo del mundo y lo queremos infinito, pero hace unos chistes malísimos.

—Lo más importante de todo es que los *Homo erectus* adoptaron una costumbre que luego seguirían todos los demás homininos: fueron los primeros en dejar su tierra natal y salir a **EXPLORAR EL MUNDO.** Probablemente viajaban en busca de nuevos lugares donde hubiera comida abundante y buenos refugios para dormir —prosiguió el abuelo—. El caso es que, hace algo menos de un millón de años, algunos *Homo erectus* se aventuraron desde África hacia Europa y Asia... ¡hasta llegar a la mismísima **CHINA!**

—**¡OSTRIS MOSTRIS!** —dije yo emocionada—. ¿Y fueron andando?

—Pues claro, ¡qué remedio! Por aquel entonces todavía no se había domesticado ni el burro ni el caballo ni el camello... y creo que tampoco se habían inventado ni los coches ni los aviones ni los barcos —añadió el abuelo, divertido.

2

B ADIVINANZAS

1. Elegante como un elefante,
y suavecito como un cachorrito.
¿Quién soy? Dímelo tú, soy el...

2. Una casa donde no se puede vivir,
y que es muy difícil de construir:
mis paredes pesan un montón,
y no tengo puerta ni portón.

3. Soy un primate que camina erguido,
aunque aún no soy hombre (ni minino).

4. Soy bajito y cabezón,
pero fuerte como un toro,
aunque eso no me valió
para salvarme de la extinción.

C ENCUENTRA AL INTRUSO

En este listado de homininos hay dos personajes que no salen en este libro. ¿Puedes encontrarlos?

1 ◯ HEIDELBERGENSIS
2 ◯ HABILIS
3 ◯ TORCIDUS
4 ◯ FLORESIENSIS
5 ◯ LENTEJIENSE
6 ◯ ERECTUS

D EL ÁLBUM

Si tuvieras que hacer un álbum de la prehistoria, ¿con qué dos fotos de estas cuatro te quedarías?

E VERDADERO O FALSO

1. El estilo de vida nómada corresponde a los habitantes de las cuevas. V F
2. El *Homo sapiens* llegó a América hace unos 15 000 años. V F
3. Lucy es el hominino más antiguo del que tenemos restos. V F
4. *Sapiens* y neandertales convivieron durante unos 10 000 años. V F
5. Las piedras de Stonehenge están puestas en fila india. V F
6. La Edad del Hierro va antes de la Edad del Bronce. V F
7. La prehistoria finaliza con la invención de la escritura. V F
8. Los neandertales eran más altos que el *Homo sapiens*. V F

A. ANACRONISMOS

1. Los *Homo erectus* no podían llevar gafas, maletas ni cámara de fotos ¡porque todavía no existían!
2. Carmen lleva un gorro y el abuelo unas gafas... ¡Eso era imposible!

B. ADIVINANZAS

1. Mamut. 2. Dolmen. 3. Homínino. 4. Hombre de Neandertal.

C. ENCUENTRA AL INTRUSO

3. «Homo torcidus»
5. «Homo lentejiense»

D. EL ÁLBUM

3 y 4.

E. VERDADERO O FALSO

1F, 2V, 3V, 4V, 5F, 6F, 7V, 8F

LA PREHISTORIA

De la sección «Para saber más»:
Óscar Mora (para Bonalletra)

Realización editorial:
Bonalletra Alcompas, S.L.

Coordinación editorial:
Carmela Vásquez

Diseño de cubierta:
Pau Taverna

Maquetación:
Elisenda Nogué (www.metagrafica.com)

© Fotografías:
IR Stone/Shutterstock, Jesus de Fuensanta/Shutterstock, Nik Keevil/Shutterstock,Tim Evanson [CC BY-SA 2.0]/Wikimedia Commons, Natalia van D/Shutterstock, 9dream studio/Shutterstock, Dreamer Company/Shutterstock, Christine Dodd/Shutterstock, Petr Kratochvila/Shutterstock.

ISBN DE LA COLECCIÓN: 978-84-18019-76-0
ISBN: 978-84-18019-77-7

D. L.: B-567-2020
Impreso en España.